L.K. 12 69.

AF242838

22.

LES PATRIOTES

Déportés de la Guadeloupe par les Anglais,

AUX MEMBRES

DE LA CONVENTION NATIONALE,

COMPOSANT LA COMMISSION DES COLONIES.

LÉGISLATEURS,

ELLE est enfin arrivée l'époque où la Convention nationale et le Peuple français vont connaître la vérité sur les événemens des colonies : les vrais patriotes pourront donc être entendus malgré les efforts de quelques hypocrites ; ils pourront donc la démontrer, sans craindre que les preuves en soient enfouies dans l'oubli des comités et la poussière des bureaux ministériels, ou soustraites par quelques mains vendues aux contre-révolutionnaires Planteurs (1) qui, depuis cinq années, ont trouvé les moyens de se faire considérer comme les patriotes, ou comme des hommes égarés, tandis que la révolution n'a jamais eu de plus cruels ennemis à la Guadeloupe.

Le précis qui va suivre, Citoyens, vous donnera une idée rapide de leur conduite, et les pièces qui seront fournies par les autorités constituées vous développeront toutes les manœuvres que ces rebelles et leurs agens coalisés successivement avec tous les envoyés de l'ancien pouvoir exécutif, ont employées pour détruire le gouvernement républicain et se livrer à Georges III, lorsque les victoires de nos armées et

____

(1) *Le mot* planteur *s'applique aux ci-devant Barons, Comtes, Marquis etc. et à tous ceux des colons que l'ambition et la haine de l'égalité ont attachés au char des représentans du Roi dans les colonies.*

A

(2)

l'anéantissement des factions intérieures leur ont ôté tout espoir de contre-révolution.

Après une lutte de trois années contre l'aristocratie plantoriale et tous les agens du pouvoir exécutif, les amis de la liberté et de l'égalité à la Guadeloupe, privés du brave DUGOMMIER, et sous les ordres duquel ils avoient combattu avec succès, succombèrent et furent livrés à la tyrannie et aux proscriptions.

Le 1er octobre 1792, la cocarde blanche fut prise à la Basse-terre et le pavillon blanc arboré sur les forteresses de cette ville à la place du tricolore, en présence de l'assemblée coloniale qui y tenait ses séances (1).

Le 9 du même mois, les patriotes de la Pointe-à-Pitre et plusieurs marins témoignent leur indignation sur les signes de rebellion qu'on veut les forcer d'arborer ; la municipalité comprime ce mouvement patriotique, et l'assemblée coloniale lui en vote des remercîmens (2).

Le 16, l'assemblée coloniale séante à la Basse-terre proclama la rebellion envers la mère-patrie, en protestant contre le décret du 10 août, en prêtant de nouveau le serment de fidélité au Roi. Le même jour les officiers municipaux de cette ville réclamèrent la faveur de substituer l'écharpe blanche à celle aux

(1) *La ville de la Basse-terre a toujours été le siège du gouvernement et de l'administration civile et militaire ; sa population était composée la majeure partie de militaires, administrateurs, hommes de loi, de finances, fournisseurs et entrepreneurs de l'état ; le peu de patriotes qu'elle renfermait étaient réfugiés à la Dominique ou déportés.*

(2) *La ville de la Pointe-à-Pitre est le centre du commerce de l'isle par la commodité et la sûreté de son port ; sa population est composée de quelques négocians, beaucoup de petits marchands, d'artistes ouvriers, et de marins faisant le cabotage.*

trois couleurs; l'assemblée l'accorda, et cette faveur s'étendit à toutes les autres municipalités.

Le 17, l'assemblée coloniale donne l'ordre de faire arrêter plusieurs patriotes pour être déportés comme gens suspects et ayant eu connaissance de l'arrivée du capitaine LACROSSE à la Dominique et de ses écrits.

Le 10 Décembre elle prononce peine de mort contre quiconque introduirait et ferait circuler celui intitulé, *le dernier moyen de réconciliation entre la République Française et les colonies rebelles*

Le 23 du même mois, les écrits du capitaine LACROSSE étant parvenus à la Pointe-à-Pitre, ils y électrisèrent les patriotes, les braves marins et les citoyens de couleur, au point qu'ils se levèrent en masse et s'emparèrent du fort de l'Union, abattirent le pavillon blanc, y arborèrent le tricolore, ainsi que sur les bâtimens de la rade, reprirent la cocarde nationale et proclamèrent la République.

Le même jour les contre-révolutionnaires réunis à la Basse-terre, expédient des commissaires à Béhague, pour réclamer des forces, afin d'étouffer, disent-ils, l'insurrection de la Pointe-à-Pitre, et empêcher que la frégatte la *Felicité* ne vienne renforcer les rebelles.

Le 26 Décembre, l'assemblée coloniale, le gouverneur Darrot, et leurs agens, se rendent au camp Saint-Jean, avec tout l'attirail d'un siège, pour faire le bombardement de la Pointe-à-Pitre, pendant que les forces envoyées par Béhague et commandées par Mallevaut bloqueraient la rade de cette ville et effectueraient, à l'aide des camps que les planteurs avaient formés dans l'intérieur, une descente au Gozier.

Le 30, les patriotes de la Pointe-à-Pitre secourus par ceux de plusieurs paroisses de l'isle, attaquent le camp Saint-Jean, le mettent en déroute, marchent à Fleur-d'Epée, en chassent les brigands commandés par Mallevaut, et les forcent de s'embarquer dans le plus grand désordre pour aller rejoindre à la Basse-terre Darrot et ses satellites , qui s'y étaient réfugiés après leur défaite au camp Saint-Jean.

Le 7 Janvier 1793 , le capitaine LACROSSE se rendit à la Pointe-à-Pitre avec plusieurs patriotes que les proscriptions avaient fait réfugier dans les isles voisines. Son premier soin est d'y donner connaissance des lois républicaines, dont il était porteur ; on forme une assemblée sous le titre de *commission générale et extraordinaire;* on renouvelle les municipalités en chaque Commune ; on établit des clubs, on fait planter l'arbre de la liberté, et les amis de la révolution dans cette colonie jouissent des avantages du nouveau gouvernement.

Le 9 Janvier , Darrot et ses agens ayant connaissance de l'arrivée de LACROSSE à la Pointe-à-Pitre, évacuent la ville et les forts de la Basse-terre, et le pavillon national est arboré par le petit nombre de patriotes qui s'y trouvent.

Le 24 Janvier le capitaine LACROSSE est proclamé par les patriotes, gouverneur provisoire de la Guadeloupe, tant par reconnaissance, que par respect pour les pouvoirs de la République dont il était le seul possesseur aux isles du vent.

Le 4 Février , Collot muni des pouvoirs de Capet pour le gouvernement de la Guadeloupe, arrive à la Basse-terre, et , sur le refus de le reconnaître, réclame l'hospitalité comme simple particulier, jusqu'à ce qu'il ait été confirmé par la République.

Le 24 du même mois , après avoir intrigué, promis des emplois, réveillé l'aristocratie , l'orgueil , l'ambition, la cupidité et s'être formé un parti à la Basse-terre, il réclame hautement le gouvernement de la Guadeloupe, qu'il prétend lui avoir été usurpé, et parvient à l'usurper lui-même.

Le 20 Mars, après une lutte violente entre les vrais républicains , les amis de LACROSSE , et les contre-révolutionnaires couverts du masque patriotique, coalisés avec leur faction , le gouvernement fut remis au royaliste *Collot,* sous le spécieux prétexte que le républicain LACROSSE n'était qu'officier de mer , et que la déclaration de guerre exigeait un militaire instruit dans la tactique de terre : réputation que les agens de *Collot* lui avaient adroitement ménagée *et qu'il méritait bien, ainsi qu'eux, comme ils l'ont prouvé.*

Collot, gouverneur, tourne ses premiers regards du côté de l'aristocratie ; il parcourt les différentes communes de la colonie, rassure les planteurs, leur promet protection, dit aux patriotes qu'ils reconnaissent leur erreur, et fait rentrer une foule d'émigrés ; sous le prétexte de mettre la colonie en état de défense, il crée une garde soldée et s'entoure à la Basse-terre d'une immensité de fortifications, pour pouvoir plus sûrement dicter ses volontés. Il approvissionne les magasins de vivres et munitions, pour des troupes qu'il n'a point ; constitue, par ce moyen, la République dans un torrent de dépenses, facilite la dilapidation des finances de l'état ; enfin il remplit ses promesses.

La partie la plus précieuse de la Guadeloupe (la Grand'-terre) est dépourvue de tous moyens de défense, au moment où les Anglais menacent les isles du vent ; les républicains de la Pointe-à-Pitre en réclament l'armement avec chaleur, mais sans succès. Le silence du tyran leur laisse entrevoir qu'il veut se venger des oppositions qu'ils avaient formées à ses prétentions.

Lacrosse venait d'abandonner la Guadeloupe et emportait les regrets sincères des amis de la révolution et de l'humanité ; il avait su jeter les bases de cette bienfaisante philantropie qui doit dans pèu rendre aux colonies le bonheur dont jouit le peuple français. L'aménité de son caractère y aurait insensiblement, et sans secousse, améné les petits propriétaires à adopter ses principes avec d'autant plus de facilité, qu'ayant peu de noirs, ils en étaient plus rapprochés. Le fait suivant va prouver que les noirs mêmes n'avaient pas été insensibles à sa conduite, et qu'elle avait déjà fait germer parmi eux l'amour de la République.

Une conspiration se préparait depuis long tems dans les environs de la Basse-terre ; elle avait pour but de livrer l'isle aux Anglais, en fesant égorger les vrais patriotes, lorsque dans la nuit du 20 au 21 d'Avril une partie des nègres qui avaient été armés pour l'effectuer, tournèrent leurs armes contre les conspirateurs, et volèrent au secours des patriotes de la ville, en criant qu'ils étaient républicains, et qu'ils venaient combattre avec eux contre deux autres partis qui, en effet, marchaient vers la Basse-terre, mais qui furent aussi-tôt dissipés. Cette action sauva la colonie. La commission générale, formée à la Pointe-à-Pitre, avait depuis quelques jours transporté ses séances à la Basse-terre, et le noyau aristocratique qu'elle renfermait commençait à entraver l'énergie républicaine que LA-CROSSE y avait propagée, lorsque cette conspiration tira les patriotes de leur léthargie. Plusieurs planteurs qui en étaient les chefs, ou les agens, sont mis en état d'arrestation ; mais *Collot*, qui les protégeait toujours, entrave l'exécution des arrêtés de l'assemblée et facilite à plusieurs les moyens de s'y soustraire par la fuite.

Le 3 Juin, la société populaire de la Pointe-à-Pitre et plusieurs autres se prononcent fortement, démasquent l'aristocratie et ses agens qui se trouvent dans cette nouvelle assemblée, réclament leur expulsion, ou les forcent à donner leur démission.

Le 14 Juillet, l'agitation des ennemis intérieurs nécessitant de nouvelles mesures de sûreté, *Collot* s'y oppose, propage la division dans les paroisses, à l'aide de sa faction, fait réclamer par quelques-unes la dissolution de la représentation coloniale, dont la majorité, à cette époque, était composée de vrais Sans-Culottes et d'hommes de couleur, qui restèrent fermes à leur poste et déclarèrent suspendus de leurs fonctions, tous les officiers municipaux qui avaient porté l'écharpe blanche et qui agitaient encore les esprits dans plusieurs communes ; une insurrection de noirs dans la paroisse de Sainte-Anne le 25 Août laisse entrevoir de nouveaux complots de la part du Gouverneur et des Planteurs ; mais le projet ayant échoué, cinq cens malheureux noirs et hommes de couleur sont égorgés par ceux mêmes qui les avaient armés, afin de soustraire toutes les traces de la conspiration. *Collot* était à la tête de ces féroces exécutions et le créateur d'une cour sanguinaire qui les fesait mettre à mort sans les entendre.

Après avoir blâmé hautement la conduite du Gouverneur, l'assemblée éprouve, de la part de ses agens de nouvelles persécutions; des provocations particulières sont faites à plusieurs de ses membres, et l'assasinat d'un d'entr'eux, qui etait citoyen de couleur, la determine à sortir de la Basse-terre le 5 décem. 1793, pour transporter ses séances à la Pointe-à-Pitre, où l'esprit républicain lui promettait une entière liberté dans ses délibérations.

Pendant que l'assemblée continuait en paix ses séances, et travaillait au rétablissement de l'ordre dans la colonie, les autorités constituées de la Basse-terre se coalisent ouvertement avec le gouvernement pour l'exécution de leur projet de dissolution; l'acte constitutionnel falsifié, perfidement répandu par eux, en est le prétexte. Tous les contre-révolutionnaires des diverses communes ont ordre de se rendre secrétement à la Pointe-à-Pitre le 21 décembre pour arrêter divers membres, casser l'assemblée et remettre les pouvoirs à Collot qui devait se trouver à leur tête. Les républicains ont connaissance des mouvemens de leurs ennemis, ils se rendent aussi à la Pointe-à-Pitre, et forment un rempart autour de leurs représentans, qui en impose aux traîtres. *Collot*, voyant son projet manqué, demande une réconciliation et fait l'abandon des pouvoirs civils qu'il tenait de Capet, *son veto*, pour n'exercer que le commandement militaire.

Cette résignation de la part du tyran, n'était que l'effet de la terreur dont la fermeté des républicains l'avait frappé ainsi que ses satellites. Aussi-tôt rendu à la Basse-terre, entouré de sa faction et au milieu des bouches à feu qui le protégeaient, il proteste contre tout ce qu'il avait fait dans la journée du 21 Décembre. La Municipalité de cette ville, le tribunal de District et la société populaire le secondent parfaitement. Tous déclarent contre-révolutionnaire l'assemblée patriote qui venait de s'emparer des pouvoirs du re-

BIBLIOTHÈQUE NATIONALE R.F. IMPRIMÉS

présentant de Capet pour les remettre au peuple qu'elle représentait. Ils invitent, par une délibération le 29 Décembre, toutes les communes de la colonie à suivre leur exemple et envoyer à la Basse-terre des députés, pour former une assemblée *constitution-nelle*.

Les contre-révolutionnaires de chaque paroisse ne perdirent pas de tems ; ils convoquèrent des assemblées primaires, et, sous la protection d'une ville qui, dans le commencement de la révolution, s'était distinguée par son patriotisme, jettent les fondemens d'une contre-révolution dans la colonie, en y envoyant promptement des députés de leur choix pour former une nouvelle assemblée qui seconderait leurs projets, comme la suite l'a prouvé.

Le 12 Janvier 1794, les patriotes de la Pointe-à-Pitre et ceux de presque toutes les autres communes de l'isle, suivant une marche opposée à celle de la Basse - terre, votent des remercîmens à l'assemblée qui les avait mis en possession de leurs droits, l'invitent de rester à son poste, et approuvent ses travaux.

Le 2 Février, les nouveaux députés réunis à la Basse-terre se constituent *en chambre organisatrice et provisoirement administrative* sous la sanction du Gouverneur, et lui remettent tous les pouvoirs qui appartiennent au peuple, comme section du peuple français. Ils annullent aussi-tôt tout ce qu'avait fait celle de la Pointe-à-Pitre, depuis le 21 Décembre 1793, et défendent aux autorités constituées de la reconnaître ; ils remettent aux citoyens de couleur des fers qui avaient été brisés le 27 Décembre par l'assemblée patriote de la Pointe-à-Pitre.

Pendant que l'assemblée, vraiment *désorganisatrice*, agitait les brandons de la discorde et de la guerre civile dans la colonie, pour en préparer l'invasion aux Anglais, *Collot* suivait toujours son projet de vengeance contre l'assemblée de la Pointe-à-Pitre. Il organisait une nouvelle conspiration pour en faire assassiner plusieurs membres et enlever les archives de

son

son comité de sûreté, qui renfermait les preuves de sa conduite contre-révolutionnaire et la dilapidation des finances, de concert avec l'Ordonnateur et autres agens.

Le 21 Février la suite d'une orgie, prolongée fort avant dans la nuit, fut le signal de ralliement des conspirateurs, composés de plusieurs négocians de la Pointe-à-Pitre, de leurs commis et de quelques marins égarés, ou séduits à prix d'argent; plusieurs agens de *Collot* étaient les chefs du rassemblement. Ils marchent armés au nombre d'environ quatre cens vers le comité de sûreté, qui n'était gardé que par deux petites pièces de canon et trente citoyens, du nombre desquels étaient plusieurs membres de l'assemblée qui s'y étaient rendus, d'après quelques faibles renseignemens. Les deux pièces, dirigées à propos contre les rebelles, suffirent pour leur en imposer et les faire retirer, lorsqu'on les menaça de faire feu. Ils se replièrent en effet, mais pour aller chercher du canon; pendant ce tems les membres du comité se saisirent des archives et se retirèrent, avec la garde et les deux pièces de canon, sur le petit morne du Gouvernement qui, depuis, est devenu le champ de la victoire du commissaire Hugues et de ses compagnons. Tous les membres de l'assemblée vinrent partager leurs dangers, ainsi que plusieurs patriotes qui n'attendirent pas l'ordre pour marcher contre les rebelles qui s'étaient campés sur le quai. Aussi-tôt qu'ils apperçurent les républicains, ils prirent la fuite, et leur abandonnèrent quatre pièces de canon qu'ils avaient fait descendre d'un corsaire de la la rade; plusieurs révoltés, et les chefs, se sauvèrent à la Basse-terre, où ils furent favorablement accueillis.

Les trames et les complots des contre-révolutionnaires et du Gouverneur n'ayant pu les mettre en possession du dépot qui constatait leurs crimes liberticides, et leurs friponneries, l'assemblée qu'ils avaient formée à la Basse-terre l'entreprit. Elle égara l'esprit public par des calomnies, en répandant que l'assemblée de la Pointe-à-Pitre voulait livrer la colonie aux Anglais [1], et après avoir éloigné les regards fixés sur sa conduite, prépara elle-même cet infâme projet. Elle profita du moment où l'assemblée de la Pointe-à-Pître venait de terminer sa session, pour faire arrêter quatre de ses membres [2] qui étaient députés auprès de la Convention nationale et du Ministre plénipotentiaire aux États-Unis, à l'effet de présenter le tableau de la position affreuse de la colonie, et réclamer des forces. Ils sont conduits dans les prisons de la Basse-terre, et de suite une force armée de terre et de mer est mise en mouvement pour marcher contre la Pointe-à-Pître, et y réclamer ou enlever de force les archives qui venaient d'être mises sous les scellés, confiés à la garde de la Municipalité et des citoyens de cette ville. La guerre civile commençait dès ce moment, si une partie des citoyens de la force de terre ayant eu connaissance de leur destination, n'eussent refusé de marcher contre leurs frères de la Pointe-à-Pître. Quatre commissaires de l'assemblée de la Basse-terre étaient à la tête de cette expédition, qui s'effectuait au moment où la Martinique venait de succomber, et que Sainte-Lucie était lâchement livrée aux ennemis de la République. Le même projet était concerté pour la Guadeloupe, où il ne tarda pas de s'effectuer.

La Pointe-a-Pître était toujours sans armes et sans munitions, les fortifications dans le plus mauvais états lorsque l'ennemi parut le 10 Avril. Tous les

---

[1] *Une partie des membres de cette assemblée ont péri à Fleur-d'Épée, et les autres ont été jetés dans les fers par les émigrés, et embarqués avec nous, tandis que leurs calomniateurs les capitulans sont presque tous restés avec l'ennemi.*

[2] *Le vertueux Dombey, avec qui ils se rendaient à la Nouvelle-Angleterre, fut aussi arrêté avec eux. Les détails de son arrestation, et de sa mort, ont été remis par nous au Comité d'Instruction publique.*

patriotes se portèrent au poste de Fleur-d'Epée, qui n'était pas achevé, parce que le plus grand nombre des habitans refusaient d'envoyer des nègres aux travaux de cette forteresse, la seule qui pouvait offrir quelque défense. Il y avait environ vingt pièces de canon divisées en différentes batteries, près de cinq cents hommes en formaient la garde lorsque l'ennemi débarqua. Les deux tiers de cette garde furent perfidement ôtés par les agens du Gouverneuer, et au moment où l'ennemi livra l'assaut, il n'y restait pas plus de cent cinquante hommes, qui repoussèrent trois fois les colonnes Anglaises formées de près de trois mille hommes. L'ennemi ne s'en rendit maître qu'après la défaite presque complette de ces braves défenseurs de la patrie. La déroute succéda à la terreur, perfidement répandue dans les autres postes qui entouraient la Pointe-à-Pitre ; ils furent évacués, et la ville prise d'assaut.

Les planteurs, campés dans l'intérieur, secondèrent parfaitement les Anglais, en arrêtant, et conduisant à bord des vaisseaux, ceux des malheureux patriotes qui avaient échappé au fer des esclaves des despotes. L'assassinat et le pillage furent permis aux émigrés qu'ils traînaient à leur suite.

La prise de Fleur-d'Épée et de la Pointe-à-Pitre mit les ennemis en possession de la moitié la plus riche de l'isle, puisque tous les planteurs de la Grand'-terre s'empressèrent d'arborer la cocarde noire et de venir rendre hommage aux satellites de Pitt et de George III.

L'armée anglaise, de terre et de mer, après avoir rempli plusieurs vaisseaux des malheureux de tout âge, couleur et sexe, victimes de la haine des planteurs, se disposa à marcher à la Basse-terre et ne trouva aucun obstacle. Les planteurs accouraient de toutes parts présenter la soumission de leur commune réciproque, et féliciter les généraux Anglais de les avoir délivrés de la République.

La ville de la Basse-terre, entourée de plus de deux cents bouches à feu, de bons forts, et de rochers naccessiblés, de vivres et munitions pour plus de quatre mois, plus de trois mille hommes de garnison, en partie disciplinés, laissait à quelques patriotes confians l'espoir du succès, sur-tout contre d'aussi faibles forces que celles de l'ennemi, qui ne s'élevaient alors qu'à environ trois mille hommes, y compris les matelots de l'escadre, dont ils pouvaient se servir. Mais tout était préparé, et l'ennemi ne se serait jamas exposé s'il n'eut été assuré du succès.

A son approche le nombre fut augmenté et la terreur jetée dans les postes, qui furent évacués sans tirer un seul coup de fusil. L'assemblée organisatrice, la municipalité et le traître *Collot*, donnèrent ordre de rendre la place avant d'avoir vu l'ennemi ni éprouvé le moindre choc. Les contre-révolutionnaires détenus au fort Saint-Charles, mis en liberté et armés, se rendirent maîtres du fort, et firent enclouer les batteries qui défendaient la mer, tandis que les cinq Républicains (1) que l'assemblée organisatrice avait fait arrêter, étaient resserrés plus que jamais. Le feu fut mis aux maisons de quelques patriotes (2), les Anglais entrèrent sans obstacle et se rendirent maîtres de tout sans perdre un seul homme.

Les émigrés qui les suivaient exercèrent les mêmes horreurs qu'à la Pointe-à-Pitre sur le petit nombre de patriotes qui y étaient. Des traîtres qui avaient servi les projets du gouverneur, ont aussi été embarqués avec nous par quelques vengeances particulières et objets d'intérêt. En vain cherchent-ils à se soustraire à la vengeance nationale, leurs faits sont connus, et a Convention les jugera.

Ainsi se termina la livraison de la dernière et de

----

(1) *Guillermin, Aubrée, Verdelet aîné, Gautier jeune et Vernier.*

(2) *Les républicains ne sont pas dupes de cet incendie, calculé et opéré par* Collot *et complices, afin de soustraire la preuve de toutes les dilapidations en brûlant tous les papiers de l'administration.*

la plus riche des isles du vent, préparée depuis long
tems au sein de la Basse-terre, avec l'accord le plus
parfait, entre les autorités constituées, couvertes du
manteau des circonstances;

1o. Parce que de tout tems les Planteurs ont abhorré
l'égalité des hommes de couleur, et que leur orgueil
extrême ne pouvait supporter l'égalité républicaine.

2°. Par le Gouverneur, l'Ordonnateur et les dif-
férens agens qui avaient concouru à la dilapidation
énorme des finances de la République.

3°. Par une foule d'agens secondaires qui avaient
fourni, administré les biens nationaux, les magasins
de la République, et qui s'étaient rendus impunément
les sang-sues de l'état, en remplissant les emplois po-
pulaires établis pour les surveiller, et qu'ils avaient
usurpés à la faveur d'une carmagnole.

4°. Enfin par une correspondance secrète des Colonies à Paris et de Paris à Londres. Un examen scru-
puleux de la conduite de tous les agens quelconques
à qui la Convention nationale a accordé sa confiance
pour veiller au sort et à la protection des colonies,
pourra découvrir le fil de ces odieuses manœuvres
et venger sur les coupablesla perte des colonies et les
maux qu'ils ont faité rouver aux malheureux patriotes
qui s'y trouvaient.

Voilà, Représentans, un précis rapide des horreurs
qui se sont passées à la Guadeloupe depuis le moment
où la rebellion y a été évidemment manifestée, et les
causes qui les ont produites. Vous voyez aussi qu'il y
avaitdans cette Isle des patriotes dignes de leurs frères
d'Europe, aimant la République pour la République
elle-même, la défendant parce qu'elle assure à tous
les hommes le droit imprescriptible que la nature leur
donne en naissant.

Lorsque ces patriotes vous seront connus, appelez-
les parmi vous, interrogez-les, exigez d'eux des renseignemens sur les individus, et croyez qu'ils seront justes.
Ils vous feront connaître les hommes qu'une trop grande
confinace dans des chefs perfides, ou le défaut de lu-
mières, a égarés; ils seront même les premiers à

solliciter pour eux votre clémence. Mais aussi ils ré-
clameront, sans aucune considération, la vengeance nationale contre les protecteurs et les chefs des factions,
et les fripons, qui ont mis la colonie au pouvoir des ennemis de la République.

SALUT, CITOYENS REPRÉSENTANS,

Les Patriotes déportés de la Guadeloupe.

A Paris, le 25 Brumaire l'an troisième de la
République française, une et indivisible.

Signés, BARSE, VILETTE ; AUFFRAY jeune, PAIN,
cadet, PIRON, MAURI, HAZALET, POIRSON, GAY,
Félix SARRAUT, CTYCOTY, BOUCHARD, AVRIL fils,
BATTÉ, Jn.-Ch. HIS, GAUTIER aîné, HANN, ROBIL-
LARD, BOYER aîné, MEGY père, NICOLLE, LACAZE,
DUSSAU, LEVACHER, Léop. PIERRE, MEILHAN, LEBEL,
VERNIER, CHAUDOT, DELBOSC, DELAPLACE, LA-
GNEAU, DAGUIN, CHARLABOURG, GASSINI, CHAU-
VIN, MEGY cadet, BROCHET, Fs. MARTIN, HAPEL.

*LISTE des personnes suspectes et pré-
venues de complicité dans les trahisons
qui ont mis la Guadeloupe au pouvoir
des Anglais et émigrés , et la dilapidation
des finances , d'après les dénonciations
remises aux Représentans du Peuple et
fonctionnaires publics dans les Ports où
sont débarqués les déportés de cette île(1).*

*LAFOLIE , commandant en second de la Gua-
deloupe , en arrestation à Brest ,*

Prévenu d'être nn des principaux agens de Collot,
et d'avoir concouru à la livraison des fortifications, en
y répandant l'alarme pour les faire évacuer à l'approche de l'ennemi , etc. etc.

*HENRY , secrétaire de Collot , et commandant
d'un bataillon de garde nationale indemnisé,
en arrestation à Brest ,*

A abandonné son poste quelque tems avant l'attaque,
pour une mission secrète auprès du comité de salut
public , afin d'en imposer sur l'état de la Colonie. etc.

____

(1) *L'intention des Anglais , en déportant les
patriotes des îles du vent , était de les envoyer
prisonniers à Londres ou à Jersey; mais , aux
approches de terre , nous nous sommes emparés
des transports , et nous les avons conduits à
Brest , Port-Malo , Rochefort et autres ports , à
la réserve de quatre qui ont été conduits à Jersey ,
portant des patriotes de la Martinique et de Ste-
Lucie.*

*Nous ne donnons dans cette liste que les noms
des prévenus que nous savons avoir été embarqués et être arrivés dans lesdits ports , les autres
ayant resté avec les ennemis , ou passé à la
Nouvelle - Angleterre avec leur chef Collot.*

FONTELLIAU , commandant de la garde nationale de la Basse - Terre ;

Chargé de la défense de la partie droite de la Basse-Terre, qui a été évaquée avant que l'ennemi s'y présente ; reparti sans rendre compte.

GUILMINOT , major de place , à Paris.

Après avoir lâchement capitulé, il est entré en proposition avec le prince Anglais pour rester auprès de lui comme cuisinier.

FELIX , commandant d'artillerie à la Basse-Terre, à Paris,

Agent de Collot , par suite de ses anciens principes contre-révolutionnaires, ayant fait feu sur des patriotes de la corvette *le Maréchal de Castries*, qui voulaient se soustraire à la révolte du pavillon blanc. etc. etc.

BONNETOUX , capitaine; LAFONTAINE , lieutenant ; LESUEUR , capitaine; CHOISEAU , adjudant; à ..... ,

Officiers, agens de Collot , en garnison au fort St-Charles lorsque les contre - révolutionnaires détenus ont été élargis et armés pour livrer plus sûrement le fort aux Anglais. etc. etc.

DULUZIN , à ..... CAZY , à Paris ,

Commissaires envoyés avec les contre-révolutionnaires auprès des généraux Anglais pour traiter de la livraison du fort.

MENTOR , capitaine d'une compagnie affranchie, à Paris (2),

Agent stipendié du Gouverneur , afin d'égarer les

---

(2) *Pour mieux donner le change à ses projets , Collot avait créé un bataillon de noirs à qui il était défendu de porter l'uniforme et la cocarde nationale ; ce qui les a totalement désorganisés.*

hommes de couleur ; capitaine, pour avoir fait la proposition et s'être offert de marcher contre les patriotes
de la Pointe-à-Pitre, au moment où ils dévoilaient les
trahisons de son maître. etc. etc.

CHARLEMAGNE *BOUIS, CAMPAN, à Paris,*

Aides-de-camp de Collot, et colporteurs de ses actes
liberticides, partis avec lui après la livraison de l'île.

POULLALIÉS, en arrestation à Brest,

Intrigant, à qui Collot avait donné le commandement
de Fleur-d'Épée, afin de le livrer sans résistance, comme
ses autres agens ; en ayant été destitué par les patriotes,
il se mit à la tête d'une conspiration dans la nuit du 21
février dernier (*vieux style*).

MICHEL, commandant une corvette de la Ré-publique, armée par la Colonie, en arresta-tion à Brest,

Agent du Gouverneur, envoyé à la Pointe-à-Pitre
pour bloquer la rade, tandis que les contre-révolutionnaires planteurs marchaient contre cette ville pour
égorger les patriotes. etc. etc.

TURC, matelot d'un corsaire, en arrestation à Brest,

Homme séduit à prix d'argent, afin de tirer le premier sur la sentinelle du comité de sûreté, lorsqu'on
marcha, dans la nuit du 21 février, pour en enlever
les archives et assassiner les membres.

ROIDOT, suppléant du commissaire national à la Basse-Terre, à Brest à la suite du Re-présentant du Peuple LION,

Membre de la prétendue chambre organisatrice,
provocateur et signataire de la capitulation et d'actes
arbitraires pour l'emprisonnement des patriotes avant
le siège. etc. etc.

LOUVET, à Brest, à la suite du Représentant Lion, et expédié comme commissaire des guerres à la Guadeloupe,

Membre de la prétendue chambre organisatrice créée par Collot, signataire d'actes arbitraires pour l'emprisonnement des patriotes avant l'attaque, agent du traître Collot, etc. etc.

GERLAIN, commissaire national du district de la Basse-Terre, à Paris,

Chef de la faction du Gouverneur, son secrétaire après le départ d'Henry, ayant fait plusieurs démarches auprès des Anglais pour la livraison de ladite place, etc. etc.

ALBERT, maire de la Basse-Terre, à Paris,

Fournisseur de la République, administrateur des biens nationaux, protecteur des contre-révolutionnaires Quin, Bovis et autres, en leur accordant des certificats de civisme, de concert avec quelques officiers municipaux, signataire de la capitulation, etc. ect.

ARTAUD, négociant, officier municipal à la Basse-Terre, à Paris,

Associé d'Albert, signataire de la capitulation, agent de Collot, l'ayant gardé chez lui plusieurs jours après la livraison de la Basse-Terre, etc. etc.

BABUT, procureur de la commune de la Basse-Terre, à Paris,

Auteur d'un réquisitoire qui a propagé la division et le fédéralisme dans la Colonie, comptable de la vente des meubles et effets des émigrés et des revenus des biens séquestrés.

BONJOUR, huissier, capitaine des canonniers, retourné à la Guadeloupe comme secrétaire de la commission,

Chargé de la vente des meubles et effets des émigrés à la Basse-Terre, dont il n'a pas rendu compte.

FRECHOU, officier municipal à Sté-Anne, à ...

Signataire de proscriptions et actes arbitraires contre les patriotes.

HUREL, procureur syndic du Moule,

Mis en arrestation à la Guadeloupe pour refus de rendre compte des revenus des biens nationaux qu'il avait administrés.

L'agent maritime de Port - Malo lui a donné un congé, comme marin, pour Toulon, quoiqu'il lui eut été dénoncé.

PIERRE ARNOUX, ARNOUX cadet, GIL- LET cadet, HUGO, à ...... BLACHER, à Paris; PALUSTRE, ex - noble, à Paris; BAZIN, à Paris,

Factieux que la coalition mettait en avant pour propager les principes de désorganisation, etc. etc.

Le Représentant du Peuple LION, chargé de l'ex- pédition des déportés, donnera des renseignemens sur la résidence de ceux où elle n'est pas désignée, ainsi que des motifs qui ont pu déterminer l'envoi, à la Guadeloupe, de plusieurs de ces mêmes hommes dénoncés, qui ne peuvent manquer d'opérer de nou- velles divisions.

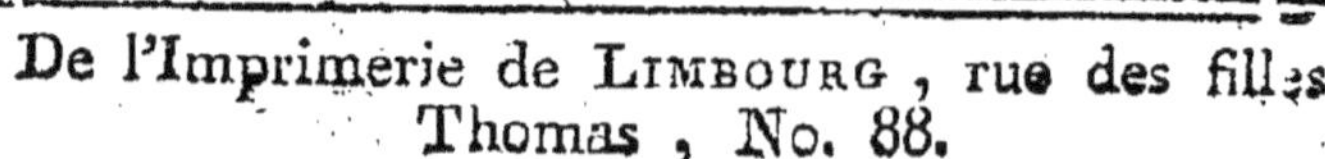

De l'Imprimerie de LIMBOURG, rue des filles Thomas, No. 88.

www.ingramcontent.com/pod-product-compliance
Lightning Source LLC
Chambersburg PA
CBHW051310050726
47595CB00008B/3474